BALZAC

SA MÉTHODE DE TRAVAIL

Tiré à quatre cents exemplaires

CHAMPFLEURY

Documents pour servir à la Biographie de Balzac

BALZAC

SA MÉTHODE DE TRAVAIL

Etude d'après ses Manuscrits

PARIS
LIBRAIRIE A. PATAY
18, Rue Bonaparte, 18

1879

BALZAC

SA MÉTHODE DE TRAVAIL

Etude d'après ses Manuscrits

I

Il est des hommes doués de perceptions exceptionnelles qui découvrent des sources : l'eau, si profondément enfouie qu'elle soit, les attire.

— Creusez, disent-ils, vous trouverez.

Balzac appartenait à la classe de

ces voyants, mais dans l'ordre intellectuel. Il se dit : « En moi sont des sources fécondes. » Il les avait constatées par des regards intérieurs, des visions, des repliements sur lui-même ; mais avant d'obtenir un résultat, que de trouées infertiles, que d'efforts, de privations et de souffrances ! Nous ne le saurions pas par la vie si difficile du romancier, par ses lettres, par le témoignage de ses contemporains, qu'une page de ses épreuves d'imprimerie suffirait à le démontrer.

Epreuves, le mot peut s'entendre dans l'acception la plus pénible.

C'étaient des luttes acharnées pour Balzac que l'élucidation de sa pensée, presque aussi rudes pour ceux qui avaient à y prendre part.

Les corrections du romancier étaient déjà légendaires en 1830. Un compositeur d'imprimerie faisait « son heure » de Balzac, comme un forçat fait son temps, après quoi il se reposait en travaillant à quelque labeur plus facile.

On a conté plaisamment que tout caractère imprimé excitant la verve du conteur, s'il s'agissait dans un atelier de typographes de composer du Balzac, une feuille d'un ouvrage quelconque en train, fût-ce la Bible, était envoyée au romancier et que le résultat définitif était le même; l'une ou l'autre de ces épreuves revenait avec une égale quantité de corrections. C'est dire qu'il restait à peine quelques mots de la pensée primitive de l'écrivain. Légendes invraisemblables en apparence et pourtant réelles!

Un écrivain de la petite bande des gens d'esprit inféodés à Balzac, Edouard Ourliac, qui fit preuve de verve dans les petits journaux avant de verser dans la littérature de chouannerie cléricale, a conté avec beaucoup d'entrain la pénible gestation de *César Birotteau*.

Ce roman devait être donné en prime aux abonnés du *Figaro* d'alors et était annoncé depuis longtemps, avec force réclames, pour le 15 décembre 1837.

« L'imprimerie était prête et frappait du pied comme un coursier bouillant.

« M. de Balzac envoie aussitôt deux cents feuillets crayonnés en cinq nuits de fièvre. On connaît sa manière. C'était une ébauche, un chaos, une apocalypse, un poème hindou.

« L'imprimerie pâlit. Le délai est bref, l'écriture inouïe. On transforme le monstre, on le traduit à peu près en signes connus. Les plus habiles n'y comprennent rien de plus. On le porte à l'auteur.

« L'auteur renvoie les deux premières

épreuves collées sur d'énormes feuilles, des affiches, des paravents! C'est ici qu'il faut frémir et avoir pitié. L'apparence de ces feuilles est monstrueuse. De chaque signe, de chaque mot imprimé part un trait de plume qui rayonne et serpente comme une fusée à la congrève, et s'épanouit à l'extrémité en pluie lumineuse de phrases, d'épithètes et de substantifs soulignés, croisés, mêlés, raturés, superposés; c'est d'un aspect éblouissant.

« Imaginez quatre ou cinq cents arabesques de ce genre, s'enlaçant, se nouant, grimpant et glissant d'une marge à l'autre, et du sud au septentrion. Imaginez douze cartes de géographie enchevêtrant à la fois villes, fleuves et montagnes. Un écheveau brouillé par un chat, tous les hiéroglyphes de la dynastie de Pharaon, ou les feux d'artifice de vingt réjouissances.

« A cette vue, l'imprimerie se réjouit peu. Les compositeurs se frappent la poitrine, les presses gémissent, les protes s'arrachent les cheveux, les apprentis perdent la tête. Les plus intelligents abordent les épreuves et reconnaissent du persan, d'autres l'écriture madécasse, quelques-uns les caractères symboliques de Whisnou. On travaille à tout hasard et à la grâce de Dieu.

« Le lendemain, M. de Balzac renvoie deux feuilles de pur chinois. Le délai n'est plus que de quinze jours. Un prote généreux offre de se brûler la cervelle.

« Deux nouvelles feuilles arrivent très-lisiblement écrites en siamois. Deux ouvriers y perdent la vue et le peu de langue qu'ils savaient.

« Les épreuves sont ainsi renvoyées sept

fois de suite. On commence à reconnaître quelques symptômes d'excellent français ; on signale même quelques liaisons dans les phrases. »

Qu'on ne prenne pas cet article pour une fantaisie. Le journaliste est dans le vrai quand il dit que *César Birotteau* a été « composé, écrit et corrigé à quinze reprises par M. de Balzac *en vingt jours*, et déchiffré, débrouillé et réimprimé quinze fois dans le même délai. »

Il est des artistes qui ne sont jamais contents de leur œuvre ; d'eux on a dit qu'il fallait enlever de force la peinture du chevalet. C'est avec raison qu'Ourliac ajoute que le roman de *César Birotteau* « fut composé en vingt jours par M. de Balzac, malgré l'imprimerie, composé en vingt jours par l'imprimerie, malgré M. de Balzac (*). »

Un ancien éditeur, M. Bourdilliat, a bien voulu me communiquer le manuscrit et les premières épreuves corrigées d'une nouvelle de Balzac. Ce récit, qui a pour titre *Un Début*

(*) L'auteur de la *Comédie humaine*, qui vivait à une époque où les écrivains se plaisaient à jeter de la poudre aux yeux du public, fut assez satisfait de cet article d'Ourliac, paru primitivement dans *Le Figaro*, pour le donner tout entier en appendice dans la première édition de *César Birotteau*. (Paris, chez l'éditeur, 3, rue Coq-Héron, imp. Boulé, 1838, 2 vol. in-8°).

dans la vie, fut sans doute écrit à la hâte pour un directeur de Revue qui pressait l'écrivain de lui envoyer une œuvre courte.

A voir le manuscrit régulier, d'une écriture un peu féminine et sans trop de ratures, il est à présumer que deux ou trois nuits suffirent au travailleur laborieux qui s'attela à la besogne, et en quelques heures, arrosées de café, put livrer un certain nombre de feuillets.

Au premier aspect, ce manuscrit n'est pas d'un intérêt considérable : l'écriture manque d'accent et on ne sent pas la maîtrise de la main, inséparable de la maîtrise de la pensée ; mais les premières épreuves révèlent quel coup d'éperon l'écrivain recevait de la typographie. Si l'écriture peut être comparée à l'enfant dans le sein de sa mère, l'imprimerie remplit l'office d'accoucheur. La plupart de ceux dont le métier est de penser ne se jugent nettement qu'à l'impression.

Balzac accablait les typographes, ses malheureux exécutants, des mêmes difficultés qui empêchèrent longtemps Beethoven et Wagner de devenir populaires dans les concerts.

En voyant revenir les épreuves si diaboliquement chargées de corrections, plus d'un compositeur d'imprimerie dut regretter le temps où ses devanciers portaient l'épée : avec plus de raison que Vatel, un typographe eût pu se transpercer de part en part en jetant un coup d'œil inquiet sur des hiéroglyphes qui n'appartenaient pas plus au mantchou qu'au français.

Ancien imprimeur et connaissant le prix auquel entraînent les corrections — cinquante centimes l'heure, — Balzac semble avoir été absolument indifférent à ces dépenses qui prennent d'assez fortes proportions quand le démon de la rature s'empare d'un écrivain.

On a beaucoup parlé des sommes énormes que le romancier *dissipa*. J'estime que les émoluments d'une feuille de Revue, payée en moyenne à l'auteur deux cents francs les seize pages, furent souvent dépassés par les frais de corrections typographiques que naturellement l'éditeur portait en déduction au compte de l'écrivain.

Une première, une seconde épreuve ne pouvaient alors suffire à cet acharné sondeur. Le roman, nettoyé de ses imperfections, paraissait dans la Revue. Un an après, le même travail recommençait pour l'édition en librairie.

L'imprimerie était un laminoir sous lequel sans cesse Balzac faisait passer sa pensée. Le fameux

Vingt fois sur le métier remettez votre ouvrage

semble un conseil de Boileau adressé à Balzac : il est d'une exécution facile pour un poète qui laisse un volume à la postérité; mais qu'on pense à cette recommandation prise au pied de la lettre et appliquée aux deux ou trois cent mille pages de l'œuvre du peintre de *la Comédie humaine*.

Etonnez-vous de la gêne d'argent du grand artiste qui, pour obéir à sa conscience, jeta quelques cent mille francs dans la gueule des correcteurs d'imprimerie !

M. Deberny, le célèbre fondeur en caractères, me faisait voir dernièrement un exemplaire de la première édition de *Louis Lambert* corrigée sur les marges par Balzac pour une réimpression.

L'œuvre avait déjà passé par la Revue, par la librairie. Cela n'avait pas calmé les inquiétudes de style du romancier. Se débattant plus avec la forme qu'avec l'idée, il revenait constamment à la charge contre son adversaire le style, se mesurant avec lui d'estoc et de taille pour le vaincre (*).

Les hommes de talent mesuré, dont la phrase sort de premier jet du cerveau, calme et équilibrée, ne connaissent point ces tensions fiévreuses, ces bonheurs, ces promenades d'idées ou de forme qui faisaient sortir Jean-Jacques Rousseau de sa mansarde pour courir après le porteur d'un billet de dix lignes dans lesquelles l'auteur des *Confessions* croyait avoir employé un mot impropre.

(*) La notice qui suivra contiendra le fac-simile d'une page de l'exemplaire de *Louis Lambert* corrigé, dont M. Deberny a eu l'obligeance de m'offrir un fac-simile.

Les écrivains concis se rognent facilement les ongles ; mais les génies touffus veulent des cisailles de jardinier pour tailler les arbres, et il arrive même parfois qu'en abattant des branches inutiles, ils tranchent du même coup des pousses vertes et vigoureuses.

Un contemporain de Balzac me disait avoir vu certaines épreuves soumises à des coupes sombres, au milieu desquelles avaient disparu des beautés de détail qui étaient perdues pour toujours.

C'est l'art des sacrifices que doivent arriver à pratiquer à divers degrés tous ceux qui veulent avoir une action sur un public impatient, comme l'est le lecteur en France.

Chose singulière, Balzac qui sait « se couper » dans ses œuvres d'imagination, ne paraît pas avoir usé de cette faculté dans ses préfaces, ses mémoires justificatifs, ses polémiques. La prolixité domine dans certains importants morceaux; la pensée déborde, les faits trop abondants s'enjambent les uns sur les autres et ne donneraient qu'une idée insuffisante de l'écrivain si on l'étudiait dans ses *Œuvres diverses*.

Balzac plaidant pour son propre

compte dans le mémoire ayant trait au *Lys dans la vallée,* Balzac prétendant soustraire la tête de Peytel au bourreau, est un avocat de talent sans doute; mais il fatigue et n'atteint pas le but qu'il se propose.

Il n'en était pas de même pour ses romans.

Balzac, ayant pour ainsi dire violé la forme qui. lui résistait, sortait heureux de tels combats. Il en résultait des glorioles d'enfant, et n'en est-ce pas la meilleure preuve que cet exemplaire raturé de *Louis Lambert,* rehaussé d'une riche reliure romantique et offerte par lui en cadeau à

M. Deberny, son successeur dans la fonderie et l'imprimerie de la rue des Marais-Saint-Germain (*).

Gloriole d'enfant, orgueil considérable, inquiétudes plus considérables encore sur la durée de son œuvre et l'enveloppe d'un style qui ne lui semblait pas assez résistante pour traverser victorieusement les modes de la langue française, me paraissent former le véritable fonds de Balzac écrivain.

Il est en même temps plein d'admiration et de doute vis-à-vis de lui-même.

(*) La fonderie Laurent et Deberny occupe le même emplacement que la fonderie Balzac et Barbier, daus la rue des Marais qui s'appelle aujourd'hui rue Visconti.

Quand il s'adresse au public, il prend des tons de général Bonaparte à la bataille des Pyramides; en particulier, l'homme se montrait parfois aussi inquiet sur la durée de son œuvre qu'un grand artiste qui constate que les couleurs qu'il emploie détruiront sa toile et ne laisseront guère plus de traces du tableau que si un liquide corrosif y avait été jeté.

Gustave Planche me contait un jour qu'ayant hasardé quelques critiques sur le style parfois tourmenté de Balzac, celui-ci l'avait prié de noter, plume à la main, les fautes qui le choquaient.

— Il aurait fallu autant de temps pour corriger ces romans que pour les écrire, disait Planche non sans dédain.

Le critique, dans sa superbe, ne comprenait pas l'humilité d'un grand artiste.

II

La nouvelle, *Un Début dans la vie*, compte à peine dans l'œuvre du romancier : si on excepte quelques détails où apparaît la touche du maître, ce récit est médiocre d'invention, et la trame en est des plus minces. A cet enfant chétif Balzac prodigua ses caresses de plume.

Il jugeait le fond sans importance; il essaya de le recouvrir de spirituelles broderies. De là des milliers de corrections, des intercalations de feuillets manuscrits, un dénoûment entièrement nouveau, tous les pétards que ce Ruggieri tirait sur ses épreuves, toutes les bombes que l'homme, sans cesse en état de défense, lançait sur les marges pour protéger une œuvre qu'il ne jugeait pas suffisamment défendue.

Sur les épreuves l'écriture s'accentue : plus accusée que dans le manuscrit, elle suit le bouillonnement de la pensée. Il ne m'est possible que de donner une page des moins chargées de ces épreuves. D'autres feuillets pourraient représenter, avec plus de réalité que certaines toiles du musée de Versailles, le siége de Sébastopol.

La pensée éclate en paraboles qui se projetant en tous sens, font penser à des batteries vomissant des obus et des grenades. Sur un tel champ de bataille, ce qui tombe de phrases noyées dans l'encre est incalculable.. De côté et d'autre, se pressent des troupes de pensées pour remplacer les pelotons décimés par les biffures; il en vient par bandes serrées, par petits groupes résolus : le *recto* ne suffit plus; derrière, au *verso*, s'avancent de gros bataillons.

Balzac ne put terminer ses *Scènes de la vie militaire;* chaque jour, il en donnait des fragments dans ses épreuves.

Quel général, mais quelles fatigues il fit supporter à ses soldats, les compositeurs ! Il fallait toujours être sur la brèche, toujours vaincre.

Je songe aux calligraphies de maître d'écriture qu'Alexandre Dumas envoyait aux journaux, du vivant de son contemporain si tourmenté. L'œuvre du père des *Mousquetaires* n'est pas moins complétement enterrée, malgré ses beaux paraphes. Qui verrait aujourd'hui, dans une vente d'autographes, le prix d'un manuscrit complet de l'auteur de *la Tour de Nesle* comparé à une simple page semblable à celle ci-dessus, se rendrait compte que les récompenses de la postérité sont en sens inverse de la fortune des écrivains pendant leur vie.

— Toi, dit la postérité à Dumas, tu as été gâté par tes concitoyens; ils t'ont payé comme un ténor. Cela suffit. Je te ferme ma porte... Mais toi, pauvre grand homme qui as usé tes genoux à poursuivre l'art, prends place au milieu des penseurs et couvre-toi de cette couronne glorieuse.

FIN

Cluny. — Imp. et Lith. J.-M. DEMOULE.

www.ingramcontent.com/pod-product-compliance
Ingram Content Group UK Ltd.
Pitfield, Milton Keynes, MK11 3LW, UK
UKHW020522180726
13839UKWH00005B/2243

9 782329 597652